벤저민 프랭클린의
부와 성공의 법칙

돈과 인생에 대한 위대한 통찰

벤저민 프랭클린의
부와 성공의 법칙

벤저민 프랭클린 지음 | 강현규 엮음 | 정윤희 옮김

메이트북스

메이트북스 우리는 책이 독자를 위한 것임을 잊지 않는다.
우리는 독자의 꿈을 사랑하고,
그 꿈이 실현될 수 있는 도구를 세상에 내놓는다.

벤저민 프랭클린의 부와 성공의 법칙

초판 1쇄 발행 2019년 9월 10일 **┃ 지은이** 벤저민 프랭클린 **┃ 엮은이** 강현규 **┃ 옮긴이** 정윤희
펴낸곳 ㈜원앤원콘텐츠그룹 **┃ 펴낸이** 강현규·정영훈
책임편집 최예원 **┃ 디자인** 최정아
마케팅 이기은 **┃ 홍보** 이선미·정채훈·정선호
등록번호 제301-2006-001호 **┃ 등록일자** 2013년 5월 24일
주소 04778 서울시 성동구 뚝섬로1길 서울숲 한라에코밸리 303호 **┃ 전화** (02)2234-7117
팩스 (02)2234-1086 **┃ 홈페이지** www.matebooks.co.kr **┃ 이메일** khg0109@hanmail.net
값 12,000원 **┃ ISBN** 979-11-6002-250-6 03100

이 도서의 국립중앙도서관 출판시도서목록(CIP)은 e-CIP홈페이지(http://www.nl.go.kr/ecip)에서
이용하실 수 있습니다.(CIP제어번호: CIP2019033484)

프랭클린이 발명한 것 중에서
가장 흥미롭고 끊임없이 재창조된 것은
바로 프랭클린 그 자신이다.

• 월터 아이작슨(세계 최고의 전기작가) •

'가난한 리처드의 달력'은
어떻게 만들어졌는가?

1732년, 나는 리처드 손더스라는 이름으로 처음 달력을 발행했다. 그 후로 25년 동안 계속 발행된 이 달력을 사람들은 '가난한 리처드의 달력'이라고 불렀다.

나는 재미있고 유용한 달력을 만들려고 애썼고, 덕분에 판매 부수도 엄청나게 늘어 1만 부 정도를 찍어서 상당한 수입을 올렸다. 이 달력이 없는 집을 찾아보기가 힘들 정도가 되자 책을 거의 사보지 않는 사람들에게 달력을 이용해서 교훈을 줄 수 있겠다는 생각이 들었다. 그래서 특정한 날을 표시해둔 곳 사이에 다양한 격언들을 집어넣었다.

대부분 근면과 절약이 부에 이르는 길이며 미덕을 얻게 해준다는 내용이었다. 가령 "속이 빈 자루는 똑바로 세울 수 없다."와 같은 금언을 통해 궁핍한 삶을 살다 보면 정직하게 사는 것이 힘들다는 의미를 전달하고자 했다.

달력에 새겨진 금언들은 국가와 세대를 초월하는 다양한 지혜를 담고 있었다. 나는 다양한 금언들을 하나로 엮어 어느 지혜로운 노인이 경매장에 모인 사람들에게 설교를 하는 방식으로 만들었다. 그리고 1757년 달력 맨앞에 '부에 이르는 길'이라는 제목을 달아 이를 실었다. 사방에 흩어져 있던 교훈들을 한데 모아놓고 보니, 더 강한 인상을 느낄 수 있었다. 마침내 '가난한 리처드의 달력'은 전 세계적인 인기를 끌게 되었다.

미 대륙의 신문사마다 그 달력이 복사되어 실렸을 뿐 아니라 영국에서는 커다란 종이에 달력을 인쇄해 집집마다 벽에 붙였다. 그뿐만 아니라 프랑스에서는 두 가지 번역본을 만들어 상류사회 인사들과 종교인들이 이를 대량으로 구입해서 교구민이나 소작농들에게 무료로 나누어주기도 했다. 펜실베이니아주에서는 달력이 출간된 이후로 수년 동안 화폐량이 눈에 띄게 증가했고, 사람들은 그 현상을 달력의 영향이라고 생각했다. 달력에 외국의 사치품을 사기 위해서 불필요한 지출을 하지 말아야 한다는 내용이 실려 있었기 때문이다.

『벤저민 프랭클린 자서전』에서 발췌

완벽을 추구했던
한 남자의 위대한 금언집

 미국 화폐 중에서 가장 가치 있는 100달러짜리 지폐의 주인공인 벤저민 프랭클린은 1732년부터 1757년까지 25년간 리처드 손더스라는 이름으로 '가난한 리처드의 달력(Poor Richard's Almanac)'을 발행했다. 그가 달력을 발행한 이유는 당시 책을 접하기 쉽지 않았던 일반 대중들에게 유익한 정보를 제공하기 위해서였다. 달력을 발행할 때마다 서문과 함께 달력 여백 곳곳에 교훈적인 내용들을 넣었다. 매년 1만 부 이상 팔려나간 이 달력을 통해 프랭클린은 돈도 많이 벌었고 인기를 엄청나게 끌며 유명인사가 되었다.

 벤저민 프랭클린은 인쇄공부터 시작해 출판업자, 저술가, 신문발행인, 철학자, 외교관, 발명가로서 다양한 분야에서 굉장한 명성을 떨친 위인이다. 하지만 그의 시작은 너무나도 초라했다. 비싼 학비 때문에 정규학교에는 2년밖에 다니지 못했지만 그는 자신의 운명을 개척하리라 마음먹었다. 인쇄공으로 성실히 일하면서도 점심 시간과 수면 시간을 줄여 여러 외국어와 문학, 신학, 경제학, 자연과학을 독학으로 마스터했다.

벤저민 프랭클린은 시간과 돈을 소중히 하고 아낀 사람이다. 낮에는 성실히 일하고 밤에는 공부하며 하루 24시간을 한순간도 헛되이 쓰지 않으려고 노력했다. 또한 아무리 적은 돈이라도 함부로 쓰지 않았고, 그렇게 절약한 돈은 책을 사는 등의 자기계발에 모두 투자했다. 생활이 안정되자 그는 시민들이 필요로 하는 사업을 전개했다. 도로 포장, 가로등 설치, 환경 정비, 도서관과 병원 설립, 대학 설립 등 그가 공익을 위해 추진한 일들은 수없이 많다.

이 책에는 그가 평생 기억하고 실천한 것들, 즉 근면, 검약, 절제, 건강, 성공, 끈기, 습관, 겸손, 사랑 등에 대한 수많은 금언과 삶의 등대가 될 만한 열세 가지 덕목이 실려 있다. 이 책을 통해 각자에게 주어진 소중한 인생을 헛되이 낭비하지 않고 성실하고 보람되게 살아갈 수 있기를 바란다.

강현규

차 례

1부 · 부에 이르는 길

1부

부에
이르는 길

지혜로운 자에게는
한마디면 충분하다

　작가 입장에서 가장 큰 행복은 누군가 자신의 글을 존경을 담아 인용한 것을 보는 것이라고 한다. 이제부터 내가 여러분에게 전하는 이야기를 듣고 내가 얼마나 기뻤는지 각자의 입장에서 판단해주기를 바란다.

　얼마 전 말을 타고 가다가 엄청나게 많은 사람들이 모여서 상인의 물건을 경매하고 있는 곳을 지나친 적이 있었다. 아직 경매가 시작할 시간이 되지 않아 다들 요즘 세상살이가 힘들다고 푸념하면서 시간을 때우고 있었다. 그곳에 모인 사람 중 하나가 깨끗하고 정갈하게 차려 입은 백발의 노인인 에이브러햄을 보며 이렇게 물었다.

　"에이브러햄 어르신, 어르신이 보기에 요즘 세상이 어떻습니까? 이렇게 세금을 무자비하게 거둬들이다가는 우리나라가 망하지 않을까요? 국민들은 어떻게 살아야 하겠습니까?"

　그러자 에이브러햄이 자리에서 일어나며 이렇게 대답했다.

"내 조언을 구한다니 짧게 한마디만 하겠소. '지혜로운 자에게는 한마디면 충분하다.'라고 가난한 리처드가 말했지요."

그러자 주변에 있던 사람들이 노인의 옆으로 하나둘 모여들었다. 에이브러햄의 말은 본격적으로 시작되었다.

진정 삶을 사랑한다면
시간을 낭비하지 마라

여러분, 요즘 국민들이 세금 때문에 엄청난 부담을 안고 있는 것은 사실입니다. 그렇다면 정부에서 부과한 세금 말고 우리가 책임져야 할 부분이 없으면 차라리 다행입니다. 하지만 우리에게는 그 세금 말고도 갚아야 할 것들이 많습니다. 어떤 이들에게는 돈보다 더욱 커다란 부담이 되는 것이지요.

먼저 우리는 정부에 내는 세금보다 게으름 때문에 두 배, 자만심 때문에 세 배, 그리고 어리석음 때문에 네 배의 세금을 내고 있습니다. 이는 세금을 거둬들이는 관리들조차 어찌해줄 수 없는 엄청난 고통을 우리에게 안겨주는 것입니다. 때문에 우리는 누군가의 지혜를 빌려서 해결책을 찾아야만 합니다. 가난한 리처드는 이렇게 말했습니다.

"하늘은 스스로 돕는 자를 돕는다."

만약 정부가 국민들이 일하는 시간의 10분의 1을 국가를 위해 바치라고 한다면 가혹하다고 할 겁니다. 하지만 지금 이 순간에도 우리는 그보다 더한 세금을 게으름에게 가져다 바치고 있습니다. 게다가 나태함은 온갖 병을 만들고 우리 삶을 단축시킵니다. 가난한 리처드는 이렇게 말했습니다.

"매일 사용하는 열쇠는 반짝이며 윤이 나지만 나태함은 녹과 같아서 노동으로 몸이 피로해지는 것보다 우리 몸을 쇠약하게 만든다."

또한 가난한 리처드는 이렇게 말했지요.

"당신이 진정 삶을 사랑한다면 시간을 낭비하지 마라. 인생이란 시간으로 이루어진 것이다."

그의 말처럼 우리는 잠자는 것에 필요 이상의 시간을 낭비하고 있습니다! 가난한 리처드가 "잠자는 여우는 닭을 잡지 못한다. 죽어서 무덤에 누우면 얼마든지 잠을 잘 수 있다."라고 했던 말을 잊고 말이지요.

운만 따르는 자는
헛되이 죽게 마련이다

만약 시간이 세상 그 무엇보다 소중한 것이라면, 가난한 리처드의 말처럼 시간을 낭비하는 것은 가장 커다란 낭비일 겁니다. 언젠가 그는 "지나간 시간은 다시 되돌릴 수 없는 것이며 항상 충분할 것 같지만 언제나 부족한 것이 바로 시간이다."라고 말한 바 있습니다.

그러니 어서 목표를 세우고 부지런히 움직여야 합니다. 성실하게 일하면 나중에 허둥지둥하지 않아도 될 겁니다. 가난한 리처드는 이렇게 말했습니다.

"나태함은 모든 일을 어렵게 만들지만 근면함은 모든 일을 쉽게 만든다. 늦게 일어나는 사람은 하루 종일 분주하고 밤이 되어도 주어진 일을 끝내지 못한다. 게으름은 걸음이 느린 법이라 곧 가난에 붙잡히게 마련이다. 일에 휘둘리지 말고 일을 몰고 나가라. 일찍 자고 일찍 일어나면 건강해지고 부자가 될 수 있으며 현명해질 것이다."

때문에 더 잘 살고 싶다는 기대와 바람만 가진다는 것은 무의미합니다. 이는 우리의 노력을 통해서 얼마든지 이룰 수 있는 것이니까요. 또 가난한 리처드는 이렇게 말했습니다.

"성실한 자에게는 소원이 필요하지 않으며, 운만 따르는 자는 헛되이 죽게 마련이다. 고통 없이는 얻는 것도 없다. 땅을 가지지 못한 자는 몸을 움직여야 한다."

물론 땅을 가진 자는 그만큼의 세금을 내야 옳습니다.

일에 휘둘리지 말고 일을 몰고 나가라.
일찍 자고 일찍 일어나면 건강해지고
부자가 될 수 있으며 현명해질 것이다.

성실과 근면은
행운의 어머니다

가난한 리처드는 "열심히 일한 자는 그만큼의 이익을 취하게 마련이다."라고도 했습니다. 자기 일을 가진 사람과 사업을 하는 사람, 혹은 공익을 위해 일하는 사람 모두가 자기에게 주어진 일을 성실하게 해야 합니다. 그렇지 않으면 세금을 낼 수 있는 재산이나 이익을 얻을 수 없을 테니까요.

우리가 성실하게 일한다면 절대로 굶어 죽지 않을 겁니다. 가난한 리처드는 "가난은 성실하게 일하는 자의 집을 흘끔거리지만 감히 그 집 안에 들어가지는 못한다."라고 말했습니다. 가난뿐만 아니라 경관이나 세금 징수원도 마찬가지입니다. 가난한 리처드는 "절망은 빚을 산더미처럼 불리지만, 성실함은 빚을 탕감시켜준다."라고도 했습니다.

우리가 금은보화를 찾지 못하고 엄청난 유산을 물려줄 친척 하나 없다고 한들 두려울 것이 무엇입니까? "근면은 행운의 어머니이고, 신께서는 성실한 사람의 바람을 모두 들어주신다."라고 가난한 리처드가 말했습니다. 또한 "게으름뱅이가 잠들어 있을 때 열심히 쟁기질을 하면, 내다 팔고도 남을 만큼의 옥수수를 거둬들일 수 있다."라고도 하지 않았습니까?

그러니 여러분, 오늘 할 일은 오늘 끝내야 합니다. 내일은 어떤 일이 우리를 기다리고 있을지 모릅니다. 가난한 리처드의 말을 기억하십시오.

"오늘 하루는 내일 이틀의 가치가 있다. 오늘 할 일을 내일로 미루지 마라."

낙숫물이 마침내
커다란 바위를 뚫는다

　마음씨 좋은 주인 밑에서 일을 하다가 게으름을 피우는 모습을 들키면 얼마나 부끄럽겠습니까? 우리의 주인은 다름 아닌 나 스스로입니다. 스스로 게으름을 피웠다면 나 스스로, 가족에게, 또 나의 조국에게 부끄러워할 줄 알아야 합니다. 그러니 우리에게 주어진 연장을 사용해야 합니다. "장갑을 낀 고양이는 쥐를 잡지 못한다."라고 한 가난한 리처드의 말을 잊지 마세요.

　할 일이 산더미처럼 쌓여 있는데 내가 가진 실력이 부족하다고 느껴지더라도 끝까지 포기하지 마세요. 계속 노력하다 보면 결국 멋진 성과를 이룰 수 있습니다. 가난한 리처드는 이렇게 말했습니다.

　"낙숫물이 커다란 바위를 뚫고, 부지런한 생쥐는 두꺼운 밧줄을 끊으며, 작은 도끼질이 쌓이면 큼직한 떡갈나무를 베어낸다."

성실한 사람만이
여가 시간을 가질 수 있다

그렇다면 일만 하고 쉬지는 말라는 거냐고 반문하는 분도 계실지 모르겠습니다. 이쯤에서 가난한 리처드가 우리에게 해주었던 충고를 다시 한 번 전해드리지요.

"여가 시간을 가지고 싶다면 주어진 시간을 잘 활용하라. 일 분도 확실하지 않은 곳에 한 시간을 낭비하지 마라."

여가란 유용한 일을 하기 위한 시간입니다. 때문에 성실한 사람은 여가 시간을 가질 수 있지만 게으른 자는 절대 쉴 수 없는 법입니다.

"여가를 즐기는 삶과 게으른 삶은 완전히 다른 것이다. 일을 하지 않고 잔머리나 굴리는 사람은 결국 곳간이 바닥나게 마련이다."라고 가난한 리처드는 말했습니다. 성실함은 안락함과 풍족함, 그리고 존경을 받으며 살게 해줍니다. 가난한 리처드는 이렇게 덧붙이기도 했습니다.

"쾌락을 버리면 그 쾌락이 우리 뒤를 쫓아오게 된다."

부지런한 방직공은 커다란 천을 만듭니다. 지금 우리에게 양한 마리와 소 한 마리가 있다면 누구나 최고의 내일을 맞을 수 있습니다.

남에게 지나치게 의지하면
성공하지 못한다

하지만 성실함이 전부는 아닙니다. 우리는 끈기와 신념을 가지고 모든 일에 주의를 기울여야 합니다. 내가 맡은 일은 직접 눈으로 살피고 나의 판단에 따라야 하며, 남에게 전적으로 의지해서는 안 됩니다. 가난한 리처드는 "너무 자주 옮겨 심는 나무와 이곳저곳을 떠도는 가정은 한곳에서 오래 자기 자리를 지킨 나무와 가정보다 번성하지 못한다."라고 말했습니다.

또한 가난한 리처드는 "한 번 자리를 옮기는 것은 화재를 당하는 것과 같다. 당신에게 주어진 일터를 지켜라, 그러면 일터가 당신을 지킬 것이다."라고도 했습니다.

만약 여러분이 하는 일에서 성공하고 싶다면 끝까지 그 일에 매진하고, 그렇지 않으면 남에게 맡기세요. 가난한 리처드는 또 이렇게 말했습니다.

"쟁기질을 해서 먹고살려는 자는 한시도 쟁기에서 손을 떼서는 안 된다. 만약 남에게 일을 시켜야 하는 사람이라면, 두 손보다 두 눈이 바삐 움직여야 한다. 조심성이 부족하면 지식이 부족한 것보다 더욱 큰 해악을 가져오는 법이다."

또한 가난한 리처드는 이렇게 덧붙였습니다.

"일꾼들을 제대로 감독하지 않는 것은 지갑을 열어놓고 남의 손에 맡기는 것과 마찬가지다."

소소한 실수라도
결코 간과하지 마라

남에게 지나치게 의지하는 것은 파멸로 가는 지름길입니다. 가난한 리처드의 말처럼, 요즘 세상은 남을 지나치게 믿어서 생기는 문제보다 믿지 않아서 생기는 문제가 훨씬 적습니다. 때문에 매사에 신중하면 모든 면에서 이익입니다. "믿음직한 하인을 두고 싶다면 당신 자신을 하인으로 삼으라."라고 가난한 리처드는 말했습니다.

아무리 소소한 실수라도 절대로 간과하지 말아야 합니다. 편자의 못 하나가 빠지면 편자를 잃게 되고, 편자가 빠지면 말을 잃는 법입니다. 말이 도망치면 기수도 잃게 되지요. 결국 편자의 못 하나를 제대로 간수하지 못해서 적군에게 붙잡혀 무참히 목숨을 잃게 되는 겁니다.

여가 시간을 가지고 싶다면
주어진 시간을 잘 활용하라.
일 분도 확실하지않은 곳에 한 시간을 낭비하지 마라.

저금할 줄 모르면
평생을 가난하게 산다

여러분, 지금까지는 근면과 성실, 그리고 자신에게 주어진 일에 최선을 다하라고 말씀드렸습니다. 하지만 그것이 전부는 아닙니다. 근면과 성실이 제대로 열매를 맺기 위해서는 검소함이 뒷받침되어야 합니다. 자기가 번 돈을 저금할 줄 모르는 사람은 매일 죽어라 일을 해도 평생을 가난하게 살다 죽게 됩니다.

가난한 리처드는 "곳간이 가득 차 있으면 유언장이 간결해진다."라고 말했습니다. 그리고 덧붙이기를 "엄청나게 쌓여 있던 재산이 순식간에 사라지는 것은, 안사람이 물레질과 바느질을 멈춘 채 차를 마시고, 가장이 나무를 베고 장작을 패지 않고 술만 퍼마시기 때문이다."라고 했습니다.

돈을 낭비하는 습관부터
버려야 한다

여러분이 정말 부자가 되고 싶다면 돈을 잘 버는 것뿐만 아니라 저금하는 법까지 생각해야 합니다. 스페인이 서인도제도를 정복하고도 부강한 나라가 되지 못한 이유도 그와 같습니다. 벌어들이는 돈보다 나가는 돈이 더 많았기 때문이지요.

그러므로 돈을 낭비하는 습관을 버리시길 바랍니다. 그러면 요즘 세상살이가 힘들다느니, 세금이 너무 과하다느니, 가족들 먹여 살리기가 힘들다느니 하는 불평불만이 줄어들 것입니다. 가난한 리처드는 "여자와 술, 도박과 겉치레는 재산을 바닥나게 만들고 욕심만 늘게 한다."라고 말했습니다. 또한 이런 말도 덧붙였습니다.

"하나의 악덕은 두 개의 단점을 가져온다."

소소한 지출들이 쌓여
큰 가난을 부른다

　여러분 중에는 가끔 차를 마시고 한 잔씩 하는 대신 다른 데 쓰는 돈을 아껴 쓰면 되지 않느냐고 반문하는 경우도 있을 것입니다. 남들보다 조금 더 화려하게 입고 잘 먹고 즐기는 것이 무슨 큰 문제냐고 말입니다.

　"티끌 모아 태산이다. 소소한 푼돈이 모여서 거대한 구멍을 만든다. 작은 구멍이 뚫리면 아무리 큰 배도 침몰하게 마련이다." 라고 가난한 리처드는 말했습니다. 또한 이런 말도 했지요.

　"소소한 지출들이 쌓이고 쌓여 가난뱅이가 된다. 바보들은 잔치를 벌이고 현명한 자들은 그들이 차려놓은 음식을 먹는다."

　지금 여러분은 온갖 고급스럽고 화려한 옷들을 경매하는 자리에 모여 있습니다. 겉보기에는 그저 물건에 불과하지만, 조심하지 않으면 그 물건들이 커다란 해악을 가져올 수도 있습니다.

아무리 저렴하다고 해도
지갑을 열기 전에 고민하라

모두들 싼값에 물건을 사고 싶어하지요. 어쩌면 제값보다 훨씬 저렴하게 물건을 살 수 있을 겁니다. 하지만 진짜 필요한 물건이 아니라면 아무리 저렴한 가격에 샀다고 해도 비싼 값을 지불한 것과 같습니다. 가난한 리처드의 말을 기억하세요.

"쓸모없는 물건들을 사서 모으다 보면 결국 반드시 필요한 물건을 내다 팔게 된다. 아무리 싼 가격이라고 해도 지갑을 열기 전에 고민하라."

가난한 리처드가 이렇게 말한 이유는 무엇일까요? 아무리 저렴해 보이는 물건도 사실은 쓸모없는 것이라 아무리 싼 가격에 샀어도 결코 저렴한 것이 아니라는 뜻입니다. 그렇게 물건을 사들이면 이익이 되기보다는 여러분에게 손해를 가져다줄 것입니다. 가난한 리처드는 이렇게 말했습니다.

"수많은 사람들이 겁 없이 푼돈을 쓰다가 파산에 이르렀다. 후회를 사들이기 위해 돈을 쓰는 것은 바보짓이다."

나중에 후회하고 싶어서 돈을 쓰는 바보들이 바로 경매장에 모여 있는 셈입니다. 우리 모두 가난한 리처드가 우리에게 가르쳐준 지혜를 잊은 채 살고 있습니다.

자기가 번 돈을 저금할 줄 모르는 사람은
매일 죽어라 일을 해도
평생을 가난하게 살다 죽게 됩니다.

자기 포장과 과시하고 싶은
욕심을 버리자

　겉치레를 위해서 돈을 낭비한 사람들은 굶주리고, 결국에는 가족들까지 가난에 찌들게 합니다. 가난한 리처드의 말을 떠올려보세요.

　"비단과 고급 옷감, 자줏빛 벨벳은 부엌의 불꽃을 꺼지게 만든다."

　그런 고급 옷감은 우리가 살아가는 데 반드시 필요한 것들이 아닙니다. 생활을 더욱 편리하게 만들어주지도 않습니다. 그저 겉치레를 위한 것에 불과한 물건에 우리는 얼마나 목숨을 걸며 살아가고 있는 걸까요?

　이렇듯 진정한 의미의 빈곤보다 자기 포장과 과시하고 싶은 욕심 때문에 빈곤해지는 사람들이 늘어나고 있습니다. 결국 과거에는 경멸했던 사람들을 찾아가 돈을 구걸하는 지경에 이르게 되지요. 하지만 근검절약이 몸에 밴 사람은 자신의 입지를 당당히 지키며 살아갑니다.

"두 다리로 서서 밭을 가는 농부가 무릎을 꿇은 신사보다 높다."라고 한 가난한 리처드의 말은 바로 이러한 점을 염두에 두고 한 것입니다.

허상을 좇지 말고
지갑 사정을 살펴라

얼마 되지 않는 재산을 가진 자들은 지금의 좋은 날들이 영원히 계속되고 어두운 밤은 오지 않을 거라고 생각합니다. 이까짓 푼돈 조금 쓴다고 해서 별 문제가 되지 않을 거라고 믿는 것이지요. 하지만 가난한 리처드는 "곳간에 쌓인 곡식을 매일 퍼내기만 하고 채우지 않으면 곧 바닥을 드러내고 만다."라고 말했습니다. "우물이 마르고 난 후에야 우물의 고마움을 깨닫는다."는 것이지요.

만약 그러한 말들이 별로 마음에 와닿지 않는다면, 가난한 리처드의 조언을 기억해두세요.

"돈의 가치를 알고 싶다면 다른 사람을 찾아가서 돈을 빌려보라. 돈을 빌리는 데는 눈물이 따르게 마련이다."

돈을 빌려준 사람 역시도 나중에는 후회의 눈물을 흘리게 됩니다. 가난한 리처드는 "과한 옷차림을 좇는 것은 재앙과도 같다. 허상을 좇지 말고 지갑 사정을 살펴라."라고 충고했습니다.

또 "자만심은 남의 것을 탐하는 거지와 같고 그보다 더욱 뻔뻔
스럽다."라고도 말했습니다.

값비싼 물건 하나를 사고 나면 구색을 맞추기 위해 물건 열
가지를 더 사들이게 되는 법입니다. 이 점에 대해 가난한 리처드
는 이렇게 말했습니다.

"첫 번째 욕심을 억누르는 것이 그로 인해 수반되는 온갖 욕
심들을 만족시키는 것보다 쉽다."

없는 돈까지 융통해가며
허영심을 채우지 마라

개구리가 황소와 겨루기 위해서 배를 잔뜩 부풀리는 것처럼, 가난한 사람이 부자를 따라 하려는 것은 너무나 멍청한 짓입니다. 가난한 리처드는 이렇게 말했습니다.

"거대한 함선은 저 멀리 모험을 떠날 수 있지만 작은 조각배는 항상 해안 가까이에 머물러야 한다."

게다가 멍청한 짓에는 그만한 대가가 따릅니다. 가난한 리처드의 말처럼 말이지요.

"자만심과 허영으로 가득 찬 사람은 경멸의 대상이다. 자만은 아침 식사를 풍성하게 차려먹고 점심 식사는 빈곤하게 하며 저녁 식사로 손가락질을 받는다."

이처럼 아무것도 아닌 겉치레 때문에 이러한 위험과 고통을 감수하는 것이 과연 옳은 일일까요? 그렇다고 더 건강해지는 것도, 고통이 사라지는 것도 아닌데 말입니다. 겉을 치장하는 일은 인간의 가치를 높여주기는커녕 타인의 시기심을 불러일으키고 종국에는 자기 자신을 불행의 나락으로 빠지게 만들어버립니다.

그런데도 왜 그런 사치품을 사려고 빚까지 지는 정신 나간 짓을 하려는 것입니까? 우리는 경매에 나온 물건을 사기 위해, 여섯 달 동안 신용 상태에 따라서 돈을 빌려 쓸 수 있습니다. 그것만 믿고 이곳을 찾아와서 수중에 없는 돈까지 융통해가며 허영심을 채우려는 분들도 있을 거라고 생각합니다. 지금은 그 돈을 갚으면 된다고 생각하겠지요. 하지만 빚을 진다는 것이 어떤 것인지 생각해보세요!

인생의 첫 번째 악은
빚을 지는 것이다

빚쟁이가 된다는 것은 나의 자유를 남에게 빼앗긴다는 뜻입니다. 제때 돈을 갚지 못한다면 돈을 빌려준 사람을 볼 낯도 없을 테고 말을 건네는 것조차 두려워지겠지요. 결국 비굴하게 변명을 하고, 동정심에 구걸하고, 마침내 신용이 떨어져서 거짓말까지 하게 되겠지요. 가난한 리처드는 이렇게 말했습니다.

"첫 번째 악은 빚을 지는 것이고, 두 번째 악은 거짓말을 하는 것이다. 거짓말은 빚을 등에 태우고 다니게 마련이다."

진정한 자유인이라면 누구를 만나도 부끄러워하거나 두려워하지 않아야 합니다. 하지만 가난은 인간의 영혼과 미덕을 모두 빼앗아가버립니다. "텅 빈 자루는 똑바로 세울 수 없다."라고 가난한 리처드는 말했습니다.

돈을 빌리는 그 순간부터
자유는 박탈된다

만약 한 나라의 왕이나 통치자가 우리로 하여금 신사나 숙녀처럼 말끔한 복장을 하고 다니지 못하도록 금지한다면 어떨까요? 이를 어겼을 시에는 감옥에 가두고 노예로 부리겠다고 한다면요? 우리가 어떤 옷을 입건 그건 자유라고 하겠지요. 이를 금하는 것은 국민의 권리를 침해하는 것이자 독재 행위라고 비난하지 않겠습니까? 실제로는 그깟 겉치레 때문에 빚까지 지고 살면서 말입니다! 여러분에게 돈을 빌려준 채권자는 그러한 당신의 자유를 손에 넣게 되는 것입니다.

만약 빚을 갚지 못한다면 당신을 감옥에 쳐넣을 수도 혹은 노예로 팔아넘길 수도 있게 됩니다. 잠시 후 경매가 시작되면 여러분은 빚을 져서 물건을 사면서도 나중에 갚을 걱정은 하지 않을 것입니다. 하지만 가난한 리처드가 한 말을 반드시 기억하셔야 합니다.

"돈을 빌려준 사람은 돈을 빌린 사람보다 기억력이 좋다. 채권자들은 하루하루 시간이 빨리 흐르기만을 손꼽아 기도하는 자들이다."

여러분이 생각지도 못한 사이, 돈을 갚을 날짜는 어김없이 돌아올 겁니다. 아직 돈은 준비가 되지 않았는데 돈을 갚으라는 독촉이 빗발치겠지요. 처음에는 길게만 느껴졌던 시간이 한순간 짧게 느껴질 겁니다. 가난한 리처드의 말은 하나도 틀린 것이 없습니다.

"시간은 어깨는 물론 발에도 날개를 달고 다닌다. 부활절에 갚아야 할 돈이 있는 자는 사순절에도 쉬지 못한다."

최대한 열심히 벌고
번 돈은 저축하라

조금은 사치를 부려도 별 문제가 없을 거라고 생각할 수도 있습니다. 가난한 리처드는 이렇게 말했습니다.

"나이가 들고 돈이 필요할 때를 대비해서 저축하라. 아침에 뜬 태양이 하루 종일 계속되지는 않는다."

수입은 일시적이고 불확실하지만 우리가 살아 있는 한 지출은 꾸준히 계속됩니다. 가난한 리처드는 이렇게 말했지요.

"굴뚝 두 개를 만드는 것보다 한 개의 아궁이 불씨를 지키는 것이 어렵다. 주린 배를 안고 잠드는 것이 어깨에 빚을 지고 일어나는 것보다 낫다."

일단 납을 금으로 바꾸어줄 마법사의 돌을 손에 쥐고 나면, 더이상 세상살이가 힘들다거나 세금이 과하다는 불평을 하지 않게 될 것입니다. 오히려 가난한 리처드의 말처럼 될 겁니다.

"최대한 열심히 벌라. 그리고 번 돈은 저축하라. 바로 그것이 납을 황금으로 바꾸어줄 마법사의 돌이다."

시간은 어깨는 물론 발에도 날개를 달고 다닌다.
부활절에 갚아야 할 돈이 있는 자는
사순절에도 쉬지 못한다.

남의 충고를 흘려들으면
도움도 받을 수 없다

여러분, 지금까지 제가 말씀드린 격언들은 이성이고 지혜입니다. 그렇다고 해서 성실함과 근검절약, 그리고 신중함에 지나치게 의지해서는 안 됩니다.

물론 그 모든 것들은 훌륭한 미덕이지만 신의 은총이 더해지지 않는다면 신기루처럼 사라질 수도 있기 때문입니다. 그러므로 겸허하게 신의 자비를 구하고, 눈앞에 은총이 필요한 사람이 보이거든 자비와 도움의 손길을 내미세요. 잊지 마세요. 욥(구약 성경 「욥기」의 주인공으로 가혹한 시련을 견뎌내고 믿음을 굳게 지킨 인물)은 엄청난 시련을 겪었지만 결국에는 신의 가호를 입었습니다.

이제 마무리를 지어야 할 때가 되었군요. "경험은 최고의 학교다. 하지만 어리석은 자는 아무것도 배우지 못한다."라고 가난한 리처드가 말했습니다. 정말 하나도 틀린 구석이 없는 말이지요. 가난한 리처드의 말을 꼭 기억하세요.

"충고는 누구나 할 수 있지만 행동까지 대신해줄 수는 없다."

하지만 "남의 충고에 귀를 기울이지 않는 자는 도움도 받을 수 없다. 이성의 소리에 귀를 기울이지 않으면 언젠가 큰코다치게 된다."라는 가난한 리처드의 말도 잊지 마세요.

굳게 결심을 하고,
이를 행동에 옮기자

그것으로 노인의 열변은 끝이 났다. 모두가 그의 말에 귀를 기울이고 고개를 끄덕였지만, 항상 들었던 설교인 양 정반대의 행동을 보였다. 경매가 시작되자, 값비싼 물건을 정신없이 사들이기 시작한 것이다.

나는 노인의 긴 연설을 들으며, 지난 25년간 연재해온 '가난한 리처드의 달력'의 격언들을 얼마나 열심히 연구하고 익혔는지 느낄 수 있었다. 내 이름이 지나치게 자주 언급되는 바람에 낯이 뜨겁기는 했지만 하늘에 붕 떠 있는 것처럼 뿌듯한 기분도 느꼈다. 비록 진짜 나의 것이라고 할 만한 말들이 그 중에서 10분의 1도 안 된다는 점이 마음에 걸리기는 했지만 말이다. 대부분은 과거에서부터 현재까지 전 세계를 통틀어 전해지는 격언들을 하나로 엮어놓은 것이었다.

나는 '가난한 리처드의 달력'에 나온 지혜로움의 메아리를 누구보다 먼저 따르기로 결심했다. 그래서 새 코트나 하나 장만할

요량으로 경매장을 찾았지만, 예전에 입던 코트를 조금 더 입기로 마음을 고쳐먹고 그 자리를 떠났다.

　이 책을 읽는 여러분들도 나처럼 굳게 결심을 하고, 이를 행동에 옮긴다면 나만큼 엄청난 이익을 얻을 수 있을 것이다.

독자 여러분의 충실한 종복. 리처드 손더스

2부

가난한 리처드의
달력

돈과 사업에
대하여

- 필요하면 결코 좋은 흥정을 할 수가 없다.

- 가진 것보다 적게 쓰는 법을 아는 사람은 현자의 돌을 가지고 있는 것과 같다.

- 가난한 자는 배를 채울 음식을 구하기 위해 걷고, 부자는 음식이 들어갈 배를 만들기 위해서 걷는다.

- 부자는 절약하며 살 필요가 없고, 절약하며 사는 자는 부자가 될 필요가 없다.

- 아량 있는 마음씨를 가지는 데는 돈이 필요하지 않지만 대부분의 사람들은 돈이 있어야 아량을 베풀 수 있다고 믿는다.

- 규칙에 따르지 못하는 자는 다른 사람을 통솔할 수 없다.

- 소소한 지출에 유의하라. 아무리 커다란 배도 작은 구멍 때문에 침몰하게 마련이다.

- 먼저 빚부터 갚아라. 그러면 자신이 가진 것이 무엇인지 알게 될 것이다.

- 조심성 많기로 유명한 네덜란드 인들의 근면함은 손에 들어오는 돈을 전부 저축하는 것에서 시작된다.

- 1페니를 적절한 곳에 쓰면 4페니를 절약할 수 있다.

- 납을 황금으로 바꾸어줄 현자의 돌은 없다. 이렇듯 허황된 것을 좇는 자는 황금을 납으로 바꾸게 마련이다.

- 금고를 잘 지키면 나중에는 금고가 당신을 지켜줄 것이다.

- 돈을 흥청망청 쓰는 사람은 다른 사람에게 쉽게 돈을 빌려주지 않는다.

- 왕의 식탁에 올라온 치즈는 본래의 것보다 반쯤 줄어든 것이지만, 결국 국민들의 피땀으로 만든 것이다.

- 가난은 적은 것을 원하고, 사치는 많은 것을 원하며, 탐욕은 모든 것을 원한다.

- 정직한 농부가 포악한 왕자보다 더 가치 있는 사람이다.

- 스스로를 위해 헛된 욕심을 버려라.

- 기회는 최고의 중매쟁이다.

- 자신보다 높은 사람을 공손히 대하는 것은 의무이고, 자신과 동등한 사람을 공손히 대하는 것은 예의이며, 자신보다 못한 사람에게 공손한 것은 고결함이다.

- 돈을 펑펑 쓰는 사람은 다른 사람의 지갑을 지켜주는 구세주 같은 존재다.

- 지나치게 많은 것을 바라는 사람에게는 많은 것도 마치 적게 보인다.

- 오늘의 달걀 하나가 내일의 암탉 한 마리보다 낫다.

- 장부에 기록하기 전에 먼저 돈을 받고, 돈을 지불하기 전에 장부에 적어라.

- 부유함은 그것을 소유한 사람의 것이 아니라 즐기는 사람의 것이다.

- 지금의 양 한 마리와 소 한 마리로 누구나 훌륭한 내일을 맞이할 수 있다.

- 작은 틈으로 바람이 불어올 때는 의지를 굳게 다지고 영혼을 돌보아라.

- 성공한 후에는 겸손해라.

- 흥정을 할 때는 친구도 친척도 없다.

- 자존심을 세울수록 부는 멀어지게 마련이다.

- 돈을 흥청망청 쓰는 사람은 자신뿐만 아니라 남들까지 망하게 만든다.

- 근면은 행운의 어머니다.

- 지식으로 머릿속은 채웠지만 뱃속까지 채우지 못하는 사람들이 많다.

- 교활한 자는 말을 훔치고, 현명한 자는 이 모습을 보고도 눈을 감는다.

- 꿀보다 더 달콤한 것은 돈밖에 없다.

- 신용을 내세워 물건을 파는 사람은 많은 친구를 잃고, 언제나 돈에 쪼들리게 된다.

- 채권자들은 채무자보다 훨씬 기억력이 좋다.

- 일을 끌고 나가지 못하면 일에 끌려다니게 된다.

가난은 적은 것을 원하고,
사치는 많은 것을 원하며,
탐욕은 모든 것을 원한다.

- 사랑에 빠진 사람과 여행객, 그리고 시인은 이야기를 들려주기 위해서 지갑을 연다.

- 근면함은 모든 일을 쉽게 만들고, 나태함은 모든 일을 어렵게 만든다.

- 값어치가 떨어진 처녀와 요새는 오래 버티지 못하는 법이다.

- 부자가 되려면 돈을 버는 것보다 절약하는 법부터 생각하라. 수입과 지출이 똑같았던 인도는 스페인을 부유하게 만들지 못했다.

- 성실하고 근면하며 검소하게 생활하면 더 많은 행운이 찾아온다.

- 부유함이 배로 늘어나면 근심도 배로 늘어난다.

- 주인의 눈은 손보다 더 많은 일을 한다.

- 지갑이 가벼우면 마음이 무겁다.

- 적게 씨를 뿌린 자는 적게 거두기 마련이다.

- 싸다고 이것저것 사들이다 보면 거지꼴을 면하지 못한다.

- 부를 소유하지 못하면 부에 이끌려 다니게 된다.

- 언제든 지갑을 열 준비가 된 사람은 가격을 지불하고도 물건을 소유하지 못하고 그에 대한 이자까지 물어야 한다.

- 신용을 바탕으로 물건을 사면 그에 대한 이자를 치르게 마련이다.

- 돈을 쓰는 것보다 저축하는 것에 가치를 두라.

- 다른 사람에게 돈을 빌려서 물건을 사들이면 그 물건에 대한 권리까지 남에게 넘겨주는 것이다.

- 은화 다섯 냥을 잃은 사람은 그저 돈을 잃은 것이 아니라 그 돈을 활용해서 얻을 수 있는 이익, 즉 오랜 시간이 지나서 노인이 될 때쯤에 엄청나게 늘어날지도 모르는 가치를 놓친 것이다.

- 불필요한 물건과 분에 넘치는 물건을 구입하고 싶은 충동이 들 때는 이 점을 기억하라. 물건은 쓰면 쓸수록 가치가 떨어지고, 불필요한 것을 사들이면 죽을 때까지 그에 대한 이자에 이자까지 등에 짊어지고 가야 한다.

- 외상으로 물건을 파는 사람은 물건값을 받을 때까지 이자와 원금을 더한 금액을 요구한다. 결국 외상으로 물건을 사면 원금에 이자까지 갚아나가야 한다. 결국 자기 물건을 쓰면서도 그에 대한 사용료를 지불하는 셈이다.

- 현금으로 물건을 사면 불필요한 지출을 막을 수 있다.

- 지갑에 든 돈으로 물건을 사면 남에게 빚을 지지 않아도 된다. 외상으로 물건을 파는 사람은 그에 대한 이익을 잃는 대신 물건값을 올려서 요구한다. 결국 그만큼 물건을 비싸게 사는 꼴이 된다.

- 가난은 부지런한 사람의 집에 고개를 들이밀지만 감히 집 안에 들어오지는 못한다.

- 채권자들은 날짜와 시간이 가기만을 오매불망 바라는 미신적인 종교의 광신도들이다.

- 불필요하게 돈을 빌려 쓰면 결국 다른 사람에게 다시 돈을 빌려서 갚아야 한다.

- 필요 없는 물건을 사들이면 머잖아 필요한 물건을 내다 팔아야 한다.

- 빚은 거짓말을 등에 업고 다닌다.

- 부를 얻기 위해 미덕을 팔아서는 안 되고, 권력을 얻기 위해 자유를 팔아서도 안 된다.

- 일에 끌려다니지 말고 일을 끌고 나가라.

- 일이 끝나기도 전에 돈을 지불하면 그 돈의 절반은 손해를 보게 된다.

- 아침부터 빚에 쫓기는 것보다 저녁을 먹지 않고 잠드는 것이 낫다.

- 이사를 자주 다니고 잠자리를 자주 바꾸면 없던 병도 생기는 법이다.

- 흥정을 잘하면 재산이 늘어난다.

- 돈과 매너가 신사를 만든다.

- 늦게 일어나는 사람은 하루 종일 분주하고 밤이 되어도 주어진 일을 끝내지 못한다.

- 트집을 잡는 사람은 결국 그 물건을 사게 된다.

- 돈과 사람은 영원한 친구 사이다. 헛된 돈을 좇는 자는 결국 돈 때문에 망하게 된다.

- 부유함은 좀처럼 만족할 줄 모른다. 곳간이 텅 비고 나서야 고마움을 깨닫게 된다.

- 잠자는 여우는 닭 한 마리도 잡지 못한다. 그러니 일어나라! 당장 일어나라!

- 가격이 저렴하다고 이것저것 사들이다가 패가망신한 사람들이 여럿이다.

- 어떤 사람은 돈을 움켜쥐고 있어 비웃음을 사고, 또 어떤 사람은 돈을 펑펑 쓰다가 비웃음을 당한다. 가장 어리석은 사람은 나중에 후회할 물건을 사기 위해 돈을 쓰는 사람이다.

어떤 사람은 돈을 펑펑 쓰다가 비웃음을 당한다.
가장 어리석은 사람은 나중에 후회할 물건을
사기 위해 돈을 쓰는 사람이다.

사랑과 결혼,
가족에 대하여

- 멀리 떨어진 곳으로 가서 결혼을 하는 남자는 속이든지 속든 지 둘 중에 하나다.

- 아내를 맞이한 남자는 보살핌을 받게 마련이다.

- 장미를 꺾기 위해서는 가시의 위험을 감수해야 하듯이, 아름 다운 아내를 얻으면 어려움이 따르는 법이다.

- 작지만 잘 갖추어진 집과 작지만 잘 일구어놓은 밭, 소박하지 만 교양을 갖춘 아내를 가진 자는 엄청난 부자다.

- 돛을 부풀리고 항해중인 배와 아기를 품은 산모의 모습은 흔 히 볼 수 있지만 가장 아름다운 모습이다.

- 다정한 아내와 따뜻한 난로가 없는 집은 밝은 낮이 없는 어두 운 밤과 같다.

- 앞을 못 보는 남편을 둔 아내가 왜 화장을 하는가?

- 썩은 사과는 다른 사과까지 썩게 만든다.

- 좋은 남편은 좋은 아내와 좋은 농장을 만든다.

- 말을 몰 때는 고삐를 바짝 당기고, 남편을 대할 때는 부드럽게 이끌어라.

- 항상 아버지와 어머니를 공경하라.

- 부모님과 조상님이 쌓은 덕을 자랑스러워할 수 있도록 하고, 스스로 덕을 쌓아 가문의 자랑거리가 되도록 하라.

- 사랑하라, 그러면 사랑받을 것이다.

- 친척을 방문하되 매일 찾아가지 말고, 형제를 방문하되 매일 밤 찾아가지는 마라.

- 좋은 남편 한 사람은 좋은 아내 두 사람과 같다. 희귀한 것일 수록 더욱 귀한 법이니까.

- 아내를 맞이하지 못한 남자는 아직 완벽한 남자가 아니다.

- 골치 아픈 손님을 내쫓고 싶으면 그에게 돈을 빌려주어라.

- 사랑 없는 결혼을 하게 되면 결혼 없는 사랑이 생긴다.

- 세상을 떠난 아내와 골칫거리 손님으로 인한 슬픔은 언젠가 끝나게 마련이다.

- 누구든 신의 가호는 얻을 수 있지만 서툰 아내를 얻은 것은 오롯이 남편의 몫이다.

- 추한 사랑과 멋진 감옥은 이 세상에 존재하지 않는다.

- 두 마리 토끼를 쫓다 보면 한 마리도 잡지 못하고 전부 놓치게 마련이다.

- 다람쥐 같은 여자는 꼬리로 등을 가리고 다닌다.

- 결혼 전에는 눈을 크게 뜨고, 결혼 후에는 눈을 반쯤 감아라.

- 아이에게 복종하는 법을 제일 먼저 가르쳐라. 나머지는 그다음에 가르쳐도 늦지 않다.

- 지갑이 무거우면 마음이 가볍다.

- 사랑받고 싶거든 사랑스러워져라.

- 행실이 나쁜 엄마가 게으른 딸을 만든다.

- 좋은 아내와 건강은 남자에게 최고의 재산이다.

돛을 부풀리고 항해중인 배와
아기를 품은 산모의 모습은
흔히 볼 수 있지만 가장 아름다운 모습이다.

우정과 친구에
대하여

- 친구를 고를 때는 신중해야 하고, 친구를 바꿀 때는 그보다 더 신중해야 한다.

- 호의를 베풀면 우정을 지킬 수 있고, 적을 내 편으로 만들 수 있다.

- 성실하고 진실한 친구보다 더 좋은 인간관계는 없다.

- 살아 있는 친구에게 부탁하는 것보다 세상을 떠나는 적을 따라가는 것이 낫다.

- 조강지처와 오래 기른 개, 그리고 현금은 세상에서 가장 믿을 만한 친구들이다.

- 다른 사람이 아첨을 하거든, 비록 그 사람이 가장 친한 친구라도 감언이설로 답하라.

- 불필요한 농담은 적을 만든다.

- 농담은 적을 친구로 만들지 못하지만 친구를 적으로 만들 수는 있다.

- 친구의 나쁜 면에 귀 기울이지 말고, 적의 나쁜 면을 떠벌리지 마라.

- 약속은 친구를 얻게 해주지만 약속을 지키지 않으면 친구를 적으로 만든다.

- 적에게 돈을 빌려주면 내 편으로 만들 수 있지만 친구에게 돈을 빌려주면 사람을 잃게 된다.

- 아첨꾼은 친구가 될 수 없다.

- 최고의 재산은 진정한 친구다.

- 가난한 사람은 100가지 궁핍함을 호소한다.

- 신랄한 언행은 친구를 만들지 못한다. 1갤런의 식초보다 한 스푼의 꿀이 더 많은 파리를 끌게 마련이다.

건강과 음식에
대하여

- 맛있게 먹으면 몸이 건강해진다.

- 고통은 육체를 갉아먹고, 쾌락은 이해심을 갉아먹는다.

- 큰 병에 걸리는 것보다 조금씩 아픈 것이 낫다.

- 사람들이 말할 때마다 언제나 환하게 웃는 그녀, 왜 그럴까? 그녀는 건강한 치아를 가졌기 때문이다.

- 여자는 꼬리를 감추기 위해서 화장을 한다.

- 의사는 돈을 받고 병을 고치지만, 신은 대가 없이 치유를 해주신다.

- 일찍 잠자리에 들고 일찍 일어나면 건강해지고 현명해지며 부자가 된다.

- 먹기 위해 살지 말고 살기 위해 먹어라.

- 음식을 많이 먹으면 병이 많아지고, 약이 아무리 많아도 완치되기는 힘들다.

- 허물을 숨기기 위한 고통의 절반으로 어떠한 허물도 뜯어고칠 수 있다.

- 뜨거운 것, 날카로운 것, 단 것과 차가운 것은 치아를 썩게 만들고 노화를 앞당긴다.

- 뜨거운 수프와 꽁꽁 언 사과는 아름다운 숙녀의 치아까지 썩게 만든다.

- 너무 늦게 아프지 말고, 너무 빨리 낫지도 마라.

- 술 대신 물을 마시고 지갑을 닫고 다니면 복통으로 고생할 일이 없다.

- 좋은 자리에 갈 때는 좋은 옷을 입고 가라.

- 노인의 저녁 식사를 훔쳐 먹는 사람에게는 잘잘못을 따지지 마라.

- 구두쇠에게는 치즈 한 장이 진수성찬이다.

- 왕처럼 먹고 나서 병자처럼 마셔대니, 정말 불쌍하지 않은가?

- 주치의와 변호사에게 잘못된 정보를 주지 마라.

- 하루 세끼를 푸짐하게 먹으면 오히려 독이 된다.

- 아플 때마다 의사를 찾지 말고, 소소한 싸움이 날 때마다 변호사를 찾지 말며, 허기가 질 때마다 주방에 기웃거리지 마라.

- 시간은 모든 질병을 치유하는 약초와 같다.

- 오래 살고 싶으면 바르게 살아야 한다. 어리석음과 사악함은 수명을 단축시키기 마련이다.

- 매일 푸짐한 저녁 식탁에 앉으면 그 누구라도 건강을 해치게 된다.

- 책상에 앉아서 공부를 많이 하는 사람은 식사량을 줄이는 것이 좋다. 공부에 대한 열정은 강하지만 몸을 쓰는 사람만큼 소화력이 강하지 않기 때문이다.

- 과하면 좋지 않은 법, 음식과 술뿐만 아니라 무엇이든 과할수록 건강에 해롭다.

- 식탁이 지나치게 풍요로우면 맛있는 고기도 싫어진다.

- 몸이 무거우면 머리도 둔해진다.

- 게으른 자여, 인생을 낭비하지 말고 일어나라. 죽고 나면 얼마든지 잘 수 있다.

- 저승사자에게는 뇌물도 통하지 않는다.

- 저녁 식사를 굶으면 약이 필요 없다.

- 생선을 먹은 후에는 우유를 마시지 마라.

- 몸에서 제대로 소화가 될 만큼 적당히 먹고 마셔야 맑은 정신을 유지할 수 있다.

- 위장과 소화 능력에 따라서 음식 양을 조절하라. 음식을 소화시키는 것은 위장이다.

- 음식을 먹고 난 후 일을 하거나 공부를 하기 힘들다면, 적절한 양을 초과한 것이다.

- 나쁜 친구는 가장 사랑하는 주인을 더럽히는 개와 같다. 세상은 바보들과 겁쟁이로 가득하다. 하지만 누구나 불운을 견뎌낼 수 있는 용기와 이웃의 곤란한 일을 해결할 수 있는 지혜를 가지고 있다.

- 매 끼니를 과식하는 사람은 다음 끼니를 굶겨라. 그리고 몸이 어느 정도 회복되면 적당한 양의 식사를 주어라. 저녁을 너무 많이 먹었다면 잠자리에서 군것질은 하지 않는 것이 좋다.

- 적당한 식이요법은 고통 없이 눈감을 수 있게 해준다. 식이요법은 활기를 주고 폭력적인 감정과 애정을 완화시킨다.

- 자신의 나쁜 습관을 정복할 수 있는 사람이 진정한 강자고, 자신이 가진 것에 기뻐하는 사람이 진정한 부자다.

- 여럿이 모이는 잔치나 모임을 멀리하라. 맛있는 음식을 눈앞에 두고 참기란 어려운 법이다. 절제한다는 것은 음식뿐만 아니라 모든 면에서 힘든 일이다.

- 적게 마시고 더 적게 먹어라. 가장 좋은 것은 먹지 않고 자는 것이다.

- 어제 먹다 남은 빵과 오늘 잡은 고기, 작년에 만든 사과주스를 식탁에 올려라.

- 과식은 모든 악의 어머니다.

- 인간은 소소한 질병의 고통에는 민감하지만 건강의 위대함을 느끼지는 못한다.

책상에 앉아서 공부를 많이 하는 사람은
식사량을 줄이는 것이 좋다. 공부에 대한 열정은 강하지만
몸을 쓰는 사람만큼 소화력이 강하지 않기 때문이다.

신과 자비에
대하여

- 서투른 주석이 양서를 망친다. 신은 사악한 요리사에게 썩은 고기를 내어주신다.

- 하늘은 스스로 돕는 자를 돕는다.

- 적절한 선례는 최고의 설교다.

- 신의 은총을 받은 사람의 집에는 길 잃은 돼지 떼들이 찾아들게 마련이다.

- 신은 성실한 사람에게 모든 걸 주신다.

- 신을 섬긴다는 것은 다른 사람들에게 자비를 베푸는 것이다.

- 역경과 실패는 사람을 겸손하고 현명하게 만든다.

- 죄악은 숨겨져 있기 때문에 해롭지 않다. 하지만 숨겨져 있다는 것이 해로운 것이다.

- 신앙은 온갖 고난과 역경을 이겨내라고 말한다. 그러니 고난과 역경이 지나갈 때까지 묵묵히 참고 기다려라.

- 기도하는 자에게는 어떠한 걸림돌도 없다.

- 기회를 멀리하라. 그러면 신께서 죄로부터 멀어지도록 도와주실 것이다.

- 신을 두려워하면 너의 적도 너를 두려워할 것이다.

- 경외심과 사랑으로 신을 섬기고, 정의와 자비로움을 이웃에게 베풀며, 냉철함과 신중함을 가지고 자신을 살펴라.

지혜와 미덕에
대하여

- 혀를 잘못 놀리는 것보다 발을 잘못 디디는 것이 낫다.

- 썩은 시체가 있는 곳에는 독수리가 모일 것이고, 훌륭한 법이 있는 곳에는 사람들이 많이 모이게 마련이다.

- 모든 사람들을 헐뜯는 사람과 모든 사람을 칭찬하는 사람은 바보다.

- 정의가 없으면 용기도 나약해진다.

- 땀 흘리며 일해보지 않은 자는 결코 영광을 맛볼 수 없다.

- 화를 참지 못해 벌인 일은 결국 수치스러움 속에 끝나게 마련이다.

- 바보는 멍청한 짓을 되풀이한다.

- 앞을 내다보아라. 그렇지 않으면 저만치 뒤처져 있는 자신을 발견하게 될 것이다.

- 지나친 아첨을 하는 사람의 부탁은 거절하라.

- 부지런하고 끈기 있는 생쥐는 굵은 밧줄을 끊는다.

- 예의 바른 사람은 재주가 많은 사람이다.

- 여론에 휩쓸리는 사람도 있고, 그에 반대되는 사람도 있는 법이다.

- 성직자와 사람의 눈은 결코 농담을 하지 않는다.

- 어리석음은 대를 잇는다.

- 진중한 질문을 던지면 신중한 답변을 해야 한다.

- 겸손은 위대한 사람을 두 배로 명예롭게 만든다.

- 게으름과 침묵은 바보들의 미덕이다.

- 반짝이는 것은 언젠가 녹슬기 마련이다.

화를 참지 못해 벌인 일은
결국 수치스러움 속에
끝나게 마련이다.

- 학식을 갖추고도 우매한 사람도 많지만 제대로 학식을 갖추지 않고도 현명한 사람은 그보다 더 많다.

- 세 사람이 나눈 비밀은 그 중 두 명이 죽은 경우에만 지켜질 수 있다.

- 거짓은 한 다리로 서지만 진실은 두 다리로 선다.

- 말로 하는 소심한 복수가 나중에는 커다란 화를 불러올 수 있다.

- 도를 넘어서는 재치는 말뚝에 부딪히게 마련이다.

- 사람은 자신이 가진 자질보다 가지고 싶어하는 자질 때문에 우스꽝스러운 꼴을 당한다.

- 어리석음이 주는 쾌락 때문에 바보는 항상 행복할 수 있다.

- 젊지만 진중한 사람은 재기 넘치는 노인이 된다.

- 제대로 알지 못하는 일에는 함부로 덤비지 마라.

- 모두가 싫어하는 것을 존경한다면 인류가 더 현명해지고 있는 것처럼 보일 수도 있다.

- 태양은 자신이 베푼 미덕을 결코 후회하지 않으며, 그에 대한 보상을 요구하지도 않는다.

- 다른 사람이 나를 실망시켜서 화가 나는가? 나 자신도 믿지 못한다는 사실을 잊지 마라.

- 남자는 쟁기질을 하는 광대가 아니라 그저 광대 같은 짓을 하는 것이 남자다.

- 생선과 손님은 삼 일만 지나도 악취가 난다.

- 친척 중에 바보, 창녀, 거지가 없는 사람은 신의 아들이다.

- 헛된 희망만 품고 사는 사람은 평생 빈둥거리다 죽게 된다.

- 집에서 만든 사과주스와 말, 그리고 아내에 대해 지나치게 떠벌리지 마라.

- 눈앞의 것을 보기는 쉽지만 미래를 내다보기는 어렵다.

- 신중한 사람은 공공연한 사실조차도 함부로 입에 올리지 않는다.

- 충실하고 건강하며 가정적인 여자를 아내로 맞아라.

- 아마포는 난롯불 가까이 두지 말고, 젊은이는 노름판 근처에 가지 못하게 하라.

- 숭배는 무지함의 딸이다.

- 늙은 의사보다 늙은 주정꾼들이 더 많다.

- 눈앞에 없는 사자를 때려잡을 듯 허풍을 떠는 자의 용기는 눈앞에 있는 생쥐를 피해 달아나게 마련이다.

- 다른 이의 편지를 훔쳐보는 눈이 되지 말고, 다른 이의 지갑을 훔치는 손이 되지 말며, 다른 이의 비밀을 엿듣는 눈이 되지도 마라.

- 인내심을 가진 사람은 원하는 것이라면 무엇이든지 이룰 수 있다.

- 묵묵히 일하는 개미보다 더 훌륭한 설교자는 없다.

- 자리에 없는 사람에게는 항상 잘못한 것이 있고, 자리에 없는 사람에게는 항상 변명거리가 있다.

- 정성이 담긴 선물은 딱딱한 바위도 허문다.

- 창문이 유리로 된 집에 살거든 이웃에게 돌을 던지지 마라.

- 돼지의 가치는 풍성함에 있고, 인간의 가치는 미덕에 있다.

- 말이 많은 사람은 실수도 많은 법이다.

앞을 내다보아라.
그렇지 않으면 저만치 뒤처져 있는
자신을 발견하게 될 것이다.

- 당신이 매독에 걸려서 죽는다면 누군가에게는 축복이 될 것이다.

- 남자가 가장 속기 쉬운 것이 세 가지 있으니 이는 말과 가발, 그리고 아내다.

- 충분한 학식을 갖춘 사람이야말로 제대로 된 인생을 사는 것이다.

- 인간은 빈곤과 허영, 그리고 헛된 명예를 얻기 위해서 어리석은 짓을 한다.

- 날카로운 가시를 뿌리고 다닌 사람은 맨발로 다니지 못한다.

- 가장 믿었던 사람이 배신하는 법이다.

- 평온한 삶을 살고 싶거든 아는 것을 전부 말하지 말고, 함부로 남을 판단하지 마라.

- 아름다움과 어리석음은 오래된 친구다.

- 지금 보이는 모습으로 그 사람을 판단하지 말고 그 사람이 가지고 있는 잠재력을 살펴라.

- 희망을 가지면 고통이 줄어든다.

- 사냥개 한 바리로 두 마리 토끼를 좇지 마라.

- 다른 사람에게 즐거움을 주는 사람은 기쁨을 받게 된다.

- 변호사, 설교가, 그리고 박새의 알은 껍데기를 깨고 나와야만 비로소 완벽해진다.

- 어리석지도 교활하지도 말고 현명해져라.

- 다른 사람을 설득할 때는 이치가 아니라 이익에 대해서 이야기하라.

- 지나치게 많은 것을 배우려고 하면 광인이 되기 십상이지만, 좋은 것을 익히려고 하면 현인으로 성장하게 된다.

- 새로운 진리는 진리가 되고, 지나간 과오는 과오로 남는다.

- 유명한 사람보다 세상에 알려지지 않은 사람들 중에서 더 위대한 영혼들이 많다.

- 허황된 것에 휩쓸리지 마라.

- 적에게 복수를 하고 싶으면 먼저 자신부터 다스려야 한다.

- 사악한 영웅은 순진무구한 겁쟁이에게 등을 돌린다.

- 위대한 사람은 눈앞에서 돌파구를 찾는다.

- 아픈 곳을 문지르면 더 아프듯, 오만한 사람들이 쉽게 모욕감을 느낀다.

- 판사는 나라의 법에 복종해야 하고, 시민들은 판사에게 복종해야 한다.

- 불가피한 상황에서는 법도 무용지물이다. 그럴 때는 변호사들조차 법을 무용지물로 만든다.

- 앙피는 상속인과 미망인조차 울게 만든다.

- 탐욕과 행복은 서로 다른 것 같아 보이지만 결국 매한가지다.

- 행운만 바라는 사람은 결국 굶어죽게 된다.

- 배운 바보는 무지한 바보보다 더 멍청한 바보다.

- 때로는 아무것도 모르는 무식한 사람이 현명한 사람이 간과하고 있던 부분을 예지할 수도 있다.

- 손님을 맞을 때는 진심으로 대하고 대문으로 나가서 반갑게 맞아야 한다.

- 당당히 왕좌에 앉은 위대한 군주도 실제로는 자기 엉덩이를 깔고 앉는다.

- 인간의 정수는 목적을 가지고 인생을 살아가는 것이다.

- 두 변호사 사이에 낀 시골 사람은 고양이 두 마리 사이에 놓인 생선과 같다.

- 사랑과 권력은 누군가 끼어드는 것을 싫어한다.

- 명예를 얻기 위한 가장 좋은 방법은 언제나 양심에 따라 행동하는 것이다.

- 자신을 가다듬을 수 있는 사람이 책을 가다듬는 사람보다 현명하다.

- 사랑과 재채기, 그리고 연기는 감추기 힘들다.

- 올바른 말보다 올바른 행동이 낫다.

- 튼튼한 두 발을 가진 사람은 훌륭한 말을 가지고 있는 것과 같다.

- 여행을 떠나려면 돼지의 후각과 사슴의 다리, 당나귀의 허리를 가져야 한다.

- 고장난 수레바퀴가 가장 요란한 소리를 낸다.

- 다른 사람에게 비밀을 털어놓는 것은 자신의 자유를 파는 것과 같다.

- 믿음직한 하인을 두고 싶다면 스스로를 하인으로 삼아라.

- 시간이 있으면 시간을 기다리지 마라.

- 구두쇠에게 부자라고 하면 한 푼도 얻을 수 없고, 여자에게 늙었다고 하면 친절한 대접을 받을 수 없다.

- 미덕만큼 사람들의 존경을 받는 것은 없다.

- 세상에서 가장 고귀한 질문은 "어떻게 하면 도움을 드릴 수 있을까요?"다.

- 말이 많은 사람들은 남의 말에 귀를 기울이지 않기 때문에 귀가 필요 없다.

- 구두가 한 켤레밖에 남지 않았다면 매우 조심스럽게 다루어야 한다.

- 자신을 가장 많이 속이는 사람은 바로 자기 자신이다.

- 자신을 불행하다고 여기는 것보다 더욱 큰 고통을 주는 것은 없다.

- 독서를 많이 하되 아무 책이나 읽지 마라.

- 지나친 쾌락을 추구하면 고통에 얽매이고, 지나친 자유를 추구하면 속박에 얽매이게 된다.

지금 보이는 모습으로
그 사람을 판단하지 말고
그 사람이 가지고 있는 잠재력을 살펴라.

- 글은 유식하게 쓰고, 말은 소박하게 하라.

- 만약 미덕을 쌓고 싶다면 우아함과 미덕의 아름다움을 몸에 익혀라.

- 덕을 많이 쌓으면 왕자보다 행복해진다.

- 악덕이 자신보다 먼저 죽게 하라.

- 조상님께 배운 지혜도 중요하지만 시대에 걸맞는 지혜를 익히는 것이 더욱 중요하다.

- 내 입 안에 있는 혀조차 제대로 단속하지 못하는데, 어찌 다른 사람의 혀를 단속할 수 있을까?

- 한 치 앞도 내다보기 힘든데, 어찌 내일을 확신할 수 있을까?

- 해서는 안 될 행동을 하면 듣기 싫은 말을 듣게 된다.

- 말만 하고 행동으로 옮기지도 않으면서 자기 자신을 과대평가하지 마라.

- 오래 사는 것보다 올바르게 사는 것이 더 중요하다.

- 무심코 던진 말에도 책임을 져야 하듯이, 불필요한 침묵에도 책임을 져야 한다.

- 독서는 완성된 인간을 만들고, 명상은 심오한 인간을 만들며, 토론은 냉철한 인간을 만든다.

- 현명한 구두쇠가 장수하기를 기원하는 것은 아무짝에도 소용이 없다.

- 제대로 교육을 받은 사람만이 자신의 잘못을 고백하고 실수를 인정할 줄 안다.

- 자기 자신과 사랑에 빠진 사람에게는 경쟁자가 생길 수 없다.

- 좋은 사람을 흉내내는 것과 그대로 닮아가려는 것은 그야말로 하늘과 땅 차이다.

- 작은 실수는 눈감아주어라. 나 자신에게 더욱 큰 단점이 있음을 기억하라.

- 자신을 즐겁게 해주는 음식을 먹고, 다른 사람을 즐겁게 하는 옷차림을 하라.

- 다른 사람을 볼 때는 장점을 찾고, 나 자신을 볼 때는 단점을 찾으라.

- 일 년에 하나씩 나쁜 습관을 뿌리 뽑으면 악한 사람도 언젠가 착한 사람이 될 수 있을 것이다.

- 자신을 믿어라. 그러면 다른 사람도 절대 당신을 배신하지 않을 것이다.

- 역사학자들은 실제 벌어졌던 일보다 그들이 믿고 싶었던 것에 대해서 이야기한다.

- 아무것도 기대하지 않는 사람은 절대로 실망하는 일이 없을 것이니 실로 복 받은 사람이다.

- 다시는 후회할 짓을 하지 않겠다는 다짐은 결코 진심일 수가 없다.

- 쉽사리 화를 내지 않는 사람을 조심하라. 그런 사람은 일단 화가 나면 쉽게 풀어지지 않는다.

- 뛰어난 아름다움과 강인한 힘, 그리고 엄청난 부는 그럴싸해 보이지만 올바른 마음에 비하면 아주 쓸모없는 것이다.

- 인간은 누구나 다른 사람의 고통을 나누고 감내하고 참아낼 만한 용기를 가지고 있다.

- 빈 자루는 똑바로 서지 못한다.

- 비밀을 털어놓지 않으면 남에게 속을 일이 없다.

- 늑대는 가끔씩 양을 잡아먹지만, 인간은 수천 명의 목숨을 순식간에 앗아간다.

- 사람의 혀는 부드럽고 뼈가 없지만, 자칫 잘못 놀리면 사람의 등을 부러뜨릴 수 있다.

- 말을 건넬 때는 상대방의 눈을 보고, 말을 들을 때는 상대방의 입을 보라.

- 모든 사람을 경계하라. 누구보다 자기 자신을 가장 경계하라.

- 이탈리아의 사신과 달콤한 설탕을 먹는 것보다 그리스의 철학가들과 짜디짠 소금을 먹는 것이 낫다.

- 악행을 두려워하라. 그러면 다른 무엇도 두려울 것이 없다.

- 바보를 아는 사람은 반드시 그의 형제가 누군지 알아두어야 한다. 그 둘은 서로를 추천할 테니까.
- 여가 시간을 가지고 싶으면 주어진 시간을 잘 활용하라.
- 아첨꾼이 하는 말은 그럴싸하게 들린다. 아첨꾼의 말을 듣는 사람은 그의 말이 옳다고 느낄 테니까.
- 잘못 던진 농담이 자칫 말싸움을 불러일으킬 수 있다.
- 화와 어리석음은 사이좋게 발을 맞추어 걷는다. 후회는 그들의 뒤꿈치를 밟으며 따라간다.
- 지나친 감사의 표시는 반감을 부른다.
- 자신이 게으르다는 것을 깨달았다면 항상 반성해야 한다.
- 한 번에 제대로 하면 두 번 일하는 수고를 덜 수 있다.

- 20대에는 의지에 좌우되고, 30대에는 지혜에 좌우되며, 40대에는 판단력에 좌우된다.

- 영리한 사람들보다 더한 골칫거리는 없다.

- 어느 한쪽에만 잘못이 있다면 말싸움은 오래가지 못한다.

- 일꾼은 쟁기질 덕분에 먹고살고, 변호사는 어리석은 자들 덕분에 먹고산다.

- 잘못된 관습과 나쁜 충고는 좀처럼 잊히지 않는다.

- 현명한 사람은 다른 사람의 종교와 신용, 그리고 눈을 함부로 건드리지 않기 위해 조심한다.

- 걱정거리가 없는 사람들은 아무것도 걱정하지 않는다.

- 과오는 인간의 몫이고, 용서는 신의 몫이며, 과오를 끈질기게 이어가려는 것은 악의 몫이다.

독서는 완성된 인간을 만들고,
명상은 심오한 인간을 만들며,
토론은 냉철한 인간을 만든다.

- 노예부터 왕까지, 그 누구에게도 함부로 말을 던지지 마라. 하찮게 보이는 벌도 침을 가지고 있고 이를 사용할 줄 안다.

- 그럴싸하게 결심을 하는 것은 쉽지만 제대로 실행하기는 어렵다.

- 지나친 자신감이 얼굴에 드러나지 않도록 하라.

- 경험은 훌륭한 학교지만 바보들은 그 속에서 아무것도 배우지 못한다.

- 남에게 인색한 사람은 힘든 일도 스스로 해결해야 한다.

- 남들에게 자랑할 만한 인간이 되려고 노력하라.

- 급할수록 돌아가라.

- 이성의 소리에 귀를 기울여라.

- 부지런히 일하는 사람보다 게으른 자가 쉽게 지친다. 자주 사용하는 열쇠가 빛나는 법이다.

- 법이 없는 곳에는 빵도 없다.

- 자만심이 커지면 운은 줄어든다.

- 집안에 노인이 있다는 것은 좋은 징조다.

- 다른 사람들이 두려워하는 자는 미움의 대상이 된다.

- 뼈아픈 경험은 가르침을 준다.

- 부드러운 혀에도 엄청난 위력이 있다.

- 전쟁은 뼈아픈 상처를 낳는다.

- 좋은 일을 하는 데는 희생이 따르는 법이다.

- 허영은 사악함보다 더한 험담꾼이다.

- 하나의 진짜 이유를 말하는 대신 여러 가지 거짓된 이유를 대는 경우가 흔히 생긴다.

- 자신의 지혜를 감추지 못하는 자는 바보나 다름없다.

- 아무리 좋은 말도 자주 들으면 싫증나는 법이다.

- 격식을 갖추지 않는 사람은 보잘것없는 대접을 받게 된다.

- 고통 없이는 어떤 것도 얻을 수 없다.

- 복수의 칼날을 잘못 겨누었다면 매사에 조심해야 한다.

- 게으름은 최고로 심한 낭비다.

- 진중하게 젊은 시절을 보낸 사람이 품위 있게 늙는다.

- 나쁜 습관을 고치는 것보다 미리 예방하는 것이 쉽다.

- 우물이 마르고 나면 물의 소중함을 깨닫게 된다.

- 무뎌진 기억력을 불평하는 사람은 많지만 잘못된 판단을 뉘우치는 사람은 별로 없다.

- 한 사람을 속이기는 쉽지만 모든 사람을 속이는 것은 불가능한 일이다.

- 어리석은 자들은 잔치를 열고, 현명한 자들은 그 잔치의 음식을 먹는다.

- 이익은 사람들의 시야를 멀게 하지만, 이를 지켜보는 사람들의 시야는 밝게 비춘다.

- 글을 통해 배운 1파운드의 지식보다 경험을 통해 익힌 1온스의 지혜가 훨씬 가치 있다.

- 불평불만이 많은 사람에게는 좋은 이웃이 생기지 않는다.

- 관대함을 베풀면 얻을 것이요, 야박하게 굴면 빼앗길 것이다.

- 악덕은 추한 얼굴을 감추기 위해 얼굴을 가리고 다닌다.

- 세상에서 가장 쉬운 것은 자기 자신을 속이는 일이다.

- 순수함은 그 자체로 강한 방패다.

- 신을 섬긴다는 것은 모든 인간에게 선을 행하는 것이다.

- 미덕과 행복은 모녀 지간이다.

- 올바른 판단력은 모두에게 필요한 것이지만, 실제로 가진 사람은 몇 없고 대부분은 필요성조차 느끼지 못한다.

- 지식을 구하는 것보다 헛된 영화를 바라는 것이 더욱 큰 해악을 가져온다.

- 혓바닥은 아픈 이가 있는 쪽으로 향하게 마련이다.

- 때로는 단호하게 거절할 줄도 알아야 한다.

- 비난의 말이 가시처럼 느껴진다면 그 속에 진실이 숨겨져 있는 것이다.

- 도를 넘어선 지혜로움은 극도의 어리석음을 만든다.

- 여유로운 삶과 게으른 삶은 전혀 다른 것이다.

- 광기 어린 왕과 미친 소는 밧줄과 어물로도 제어할 수 없다.

- 진정한 위인은 벌레 한 마리도 함부로 짓밟지 않으며 군주에게 굽실대지도 않는다.

- 썩은 나무가 한 그루도 없는 숲은 존재하지 않는다.

- 눈을 크게 떠야 할 때와 눈을 감아야 할 때를 구별하라.

- 용기는 싸움에 뛰어들지만 신중함은 용기의 고삐를 잡는다.

- 절망은 일부를 망치지만 잘못된 추측은 많은 사람을 망친다.

노예부터 왕까지, 그 누구에게도
함부로 말을 던지지 마라. 하찮게 보이는 벌도
침을 가지고 있고 이를 사용할 줄 안다.

- 다른 사람의 충고를 받아들이지 못하는 사람은 구제불능이다.

- 교활함은 그럴싸한 옷을 걸쳐야 하지만 진실은 벌거벗은 채로 다닌다.

- 푼돈은 아껴 쓰면서 큰돈은 허투루 쓰는가?

- 지나친 언쟁보다는 작은 것에 만족하는 것이 낫다.

- 인내심이 필요한 순간이 닥치면 스스로의 인내심을 평가할 수 있다.

- 충분한 시간은 언제나 부족해지게 마련이다.

- 배고픈 사람에게 맛없는 빵은 없다.

- 비밀을 캐내려고 하지 않는 것은 현명함이고, 비밀을 발설하지 않는 것은 정직함이다.

- 성난 군중은 머리가 여럿이고 두뇌가 없는 괴물이다.

- 악마는 꿀로 된 달콤한 독약을 내민다.

- 다른 사람의 화를 견디지 못하는 사람은 자신의 화도 다스리지 못한다.

- 더러운 개들과 함께 앉아 있던 사람은 벼룩과 함께 일어서게 된다.

- 의구심과 신중함은 안전의 조상이다.

3부

벤저민 프랭클린의
열세 가지 덕목

잘못된 습관을 고치고
바른 습관을 익히자

　나는 도덕적으로 완벽해지겠다는 무모하고도 대담한 계획을 마음에 품었다. 정말이지 완전무결한 삶을 살고 싶었다. 타고난 성격뿐만 아니라 주위 사람들의 영향으로 형성될 수 있는 나쁜 성향과 습관들까지 모두 극복하고 싶었다. 나는 옳고 그름을 정확히 판단할 수 있었다. 아니, 그렇다고 생각했다. 때문에 옳지 못한 것을 피하고 옳은 길로 가는 것이 쉽게만 보였다.

　하지만 생각했던 것보다 훨씬 녹록치 않은 일이었다. 한 가지 잘못을 피하려고 집중하다 보면 어느새 다른 잘못을 저지르게 되는 것이었다. 잠시 마음을 놓고 있다 보면 순간마다 나쁜 습관이 나타났고, 타고난 성향은 이성보다 더욱 강력했다.

　마침내 나는 그저 신념만으로 인간의 실수를 막기에는 역부족이라는 결론에 도달했다. 항상 확고하고 일관성 있는 행동을 하기 위해서는 잘못된 습관을 고치고 바른 습관을 익혀야 했다. 그래서 나는 다음과 같은 방법을 고안했다.

먼저 지금까지 읽은 책에서 보았던 여러 가지 덕목들을 나열해보았다. 덕목에 따라서 그 내용이 적기도 하고 많기도 했다. 가령 '절제'의 경우, 어떤 사람은 먹고 마시는 것만 한정해두었다면 다른 사람은 더욱 의미를 확장해서 식욕과 성향, 육체적 욕구와 정신적 욕구, 심지어 탐욕과 같은 인간의 야망까지도 포함한 인간의 다양한 쾌락을 조절하는 선까지 나갔다. 나는 명확성을 위해서 덕목의 숫자를 줄이고, 그에 따른 규율을 길게 나열하기보다는 여러 가지 덕목에 따른 세부적인 규율을 정해놓기로 했다.

항상 확고하고 일관성 있는 행동을
하기 위해서는 잘못된 습관을 고치고
바른 습관을 익혀야 했다.

내가 정한 열세 가지 덕목과
구체적인 규율

내가 정한 덕목들과 그에 따른 규율은 다음과 같다.

1. 절제(Temperance)
배가 부를 정도로 먹지 마라. 정신을 잃을 만큼 마시지 마라.

2. 침묵(Silence)
서로에게 유익하지 않은 말은 피하라. 또한 쓸데없는 말은 하지 마라.

3. 규율(Order)
모든 물건은 제자리에 두어라. 그리고 모든 일은 시간에 맞추어서 하라.

4. 결단(Resolution)

반드시 해야 하는 일은 실행에 옮겨라. 일단 결심한 것은 반드시 이행하라.

5. 절약(Frugality)

유익하지 않은 일에 돈을 쓰지 마라. 즉 낭비하지 마라.

6. 근면(Industry)

시간을 허비하지 마라. 항상 유익한 일을 하라. 불필요한 행동은 하지도 마라.

7. 정직(Sincerity)

다른 사람을 기만하지 마라. 악의 없이 공정하게 생각하라. 말과 행동이 일치되도록 하라.

8. 정의(Justice)

남에게 피해를 주지 말고, 정당한 대가를 치러야 할 때를 잊어서는 안 된다.

9. 중용(Moderation)

극단적으로 행동하지 마라. 상대가 나쁘게 행동하더라도 홧김에 후회할 일을 하지 마라.

10. 청결(Cleanliness)

몸을 청결히 하며 옷을 단정히 입고, 주변을 깨끗이 정돈하라.

11. 평정(Tranquility)

사소한 일이나 흔히 일어날 수 있는 일, 혹은 불가피한 상황에도 평정심을 잃지 마라.

시간을 허비하지 마라.
항상 유익한 일을 하라.
불필요한 행동은 하지도 마라.

12. 순결(Chastity)

건강과 자손을 위한 성관계가 아닌 경우에는 자제하라. 정신이 멍해지거나 건강을 잃을 정도가 되어서는 안 된다. 자신과 타인의 안녕과 평판에 해를 끼칠 정도로 성관계에 집착해서는 안 된다.

13. 겸손(Humility)

예수와 소크라테스를 본받으라.

하나씩 덕목들을
익히고 완성해나가자

　나는 이 덕목들을 자연스러운 습관처럼 몸에 익히고 싶었다. 그래서 한 번에 전부를 얻으려고 하기보다는 하나씩 완성해나가는 편이 나을 것 같았다. 그렇게 하나를 완벽히 습득하면 또 다음 덕목으로, 그렇게 열세 가지 덕목을 오롯이 나의 것으로 습득하기로 결심했다. 앞의 열세 가지 순서들은 한 가지 덕목을 습득하고 나서 다음 덕목을 익히는 데 도움이 되도록 배열한 것이다.

　먼저 '절제'라는 덕목을 통해 냉철한 이성과 경각심을 익히고 묵은 습관을 반복하는 실수를 저지르거나 주변의 유혹을 이겨내기 위해 첫 번째 순서로 두었다. 이를 완벽히 습득하고 나면 '침묵'의 단계는 한결 쉬워진다.

　나는 덕을 쌓음과 동시에 지식도 얻고 싶었다. 지식을 얻기 위해서는 다른 사람과 대화를 나눌 때 듣는 법을 배워야 한다. 그리고 쓸데없는 말장난을 하거나 농담을 하는 버릇을 고치려고 노력했다. 그런 습관을 가지면 시시껄렁한 친구들만 꼬이게 마련이다. 그래서 '침묵'을 두 번째 순서로 두었다.

그다음 덕목인 '규율'을 통해 일과 공부에 열중할 수 있는 시간을 더욱 많이 만들 수 있을 것이다. 이어 '결단'의 덕목을 익히고 나면 나머지 덕목들을 체득하기 위한 강한 의지를 가질 수 있을 것이다.

'절약'과 '근면'은 아직 해결하지 못한 빚을 갚는 데 도움이 될 것이고, 독립적이고 윤택한 삶을 보장해줄 것이다. 그렇게만 된다면 '정직'과 '정의'를 익히는 것은 훨씬 쉬워진다. 이런 식으로 나머지 덕목들도 차근차근 익혀나갈 수 있을 것이다.

나는 덕을 쌓음과 동시에 지식도 얻고 싶었다.
지식을 얻기 위해서는 다른 사람과
대화를 나눌 때 듣는 법을 배워야 한다.

벤저민 프랭클린 연표

1682년	부친 조사이어, 미국으로 이주
1706년	1월 17일 조사이어 프랭클린의 17명의 자녀 중 15번째이자 막내아들로 출생
1714년	라틴어 학교에 입학 후 1년 만에 자퇴
1716년	아버지의 양초 제조업을 도움
1718년	형 제임스의 인쇄소에 견습공으로 들어감
1723년	형과 다툼 끝에 필라델피아로 이주, 키머의 인쇄소에 취직
1724년	18개월간 런던에 체류하면서 인쇄공으로 일함
1726년	다시 필라델피아로 돌아옴
1727년	키머의 인쇄소에 다시 취직, 전토 클럽을 조직함
1727년	신문 발행
1728년	인쇄소 설립
1730년	데브라 리드와 결혼
1731년	필라델피아 회원제 도서관 설립
1732년	'가난한 리처드의 달력' 발행
1733년	사우스캐롤라이나로 동업자를 보내서 인쇄소를 공동 경영

1736년 주 의회 서기로 선출

1742년 프랭클린 난로 발명

1744년 방위군 조직

1748년 인쇄업에서 은퇴하고 자연과학 실험을 시작

1749년 펜실베이니아대학교 설립에 참여

1750년 필라델피아 주 의원 선출

1751년 필라델피아 병원 설립에 참여

1752년 번개와 전기의 동일성 발견

1753년 식민지 체신 장관으로 선출, 로열소사이어티 회원으로 선정

1756년 펜실베이니아 의용군 지휘관 선출

1757년 펜실베이니아 대표로 10년간 영국에 거주

1776년 미국 독립선언 기초위원 임명

1784년 귀국, 펜실베이니아 총독으로 선출

1787년 헌법회의 펜실베이니아 대표

1790년 4월 17일 84세의 나이로 별세

마흔이라는 사막을 건너는 40가지 방법

마흔 이후, 어떻게 살아야 하는 걸까

김경준 지음 | 값 15,000원

마흔 이후의 삶을 어떻게 살아야 하는지에 대한 중요한 실마리를 찾는 30대와 40대들을 위한 자기계발서이다. 자기계발 멘토로 유명한 딜로이트 컨설팅 김경준 부회장은 자신이 생활인으로서 그간 직접 부딪치면서 경험하고 느낀 것들을 바탕으로 마흔의 진짜 인생살이에 대한 생각을 에세이 형식의 공감 가득한 문체로 풀어냈다. 마흔 이후의 나를 지키는 지혜와 구체적인 방법들을 이 책에서 만날 수 있을 것이다.

사람을 끌어당기는 말 vs. 사람을 밀어내는 말

사려 깊은 말 한마디면 충분하다

강미은 지음 | 값 14,000원

사회생활을 하다 보면 말하는 습관에 따라 아군을 만들기도 적군을 만들기도 하는 것을 경험하게 된다. 때론 말 한마디가 엄청난 위력을 지니기도 한다. 저자는 대화에서 중요한 것은 현란한 테크닉이 아닌 말에 담긴 사려 깊음이라고 말한다. 사려 깊은 말 습관을 주제로 써내려간 이 책의 에세이들을 통해 사려 깊게 말하기 위해 명심해야 할 것이 무엇인지 깨닫는다면 앞으로 당신의 주위로 좋은 사람들이 계속 몰려들 것이다.

나는 왜 나를 힘들게 하는 걸까

생각 빼기의 기술

이우경 지음 | 값 16,000원

심리학 박사이자 임상심리 전문가인 저자는 마음속에서 넘쳐나는 생각을 잘 관찰하면 복잡한 인생을 해결할 열쇠가 보인다고 말한다. 이 책은 머릿속 생각 스위치가 24시간 꺼지지 않아 인생살이가 피곤하고 힘든 사람들에게 뇌를 쉬게 하는 방법과 현재의 행복에 집중할 수 있는 구체적인 방법을 알려준다. 생각을 빼면 충실한 삶을 살 수 있다고 말하는 이 책은 복잡한 생각으로 지친 사람들이 꼭 읽어야 할 필독서이다.

관계가 너무 어렵다고 말하기 전에 생각해야 할 것들

왜 나는 진정한 친구 하나 없는 걸까

조은강 지음 | 값 15,000원

관계를 떠나서 홀로 살 수는 없지만 그렇다고 모든 사람과 완벽한 관계를 맺으며 살 수도 없는 세상이다. 이 책은 세상 모든 사람과 관계 맺기의 달인이 되어야 한다고 말하지 않는다. 나에게 가장 잘 어울리고 편안한 관계 맺기 방법을 찾는다면 얼마든지 행복한 관계를 맺을 수 있다고 말한다. 이 책을 통해 사람을 두려워하거나 외면하지 않고 물 흐르듯 자연스럽게 함께하는 방법을 배울 수 있을 것이다.

불편한 말투에 센스 있게 대처하는 대화법 49가지

말 때문에 상처받지 마라

강지연 지음 | 값 15,000원

이른바 꼰대들의 공격적인 말에 대응해 내 감정을 모두 표현하고 살면 사회생활이 100% 꼬일 수밖에 없다. 심리학 기반의 스피치커뮤니케이션 전문가이자 심리학 박사인 저자는 불편한 사람들과 대차게 맞서 싸우지도 말고, 지혜롭고 센스 있게 공존할 것을 당부한다. 이 책을 통해 하고 싶은 말을 정중하면서도 요령 있게 말하는 기술을 익힌다면 그 어떤 공격적인 말에도 상처받지 않고 나를 지킬 수 있을 것이다.

사람 때문에 상처 받지 말자

직장생활의 99%는 관계다

이현주 지음 | 값 15,000원

직장에서의 인간관계 때문에 힘든 사람들을 위한 심리처방전이다. 매일 출근하며 봐야하는 사람들과 관계가 불편하면 하루하루가 고역이다. 이 책은 나와 잘 맞지 않는 직장 내 사람들 때문에 괴로워하는 독자들이 상처 받지 않고 인간관계를 잘 관리할 수 있는 다양한 조언을 담고 있다. 이 책을 통해 관계 스트레스로 인해 역량을 발휘하지 못하거나 직장생활 이외의 사적인 영역까지 부정적인 영향을 받는 일은 겪지 않을 것이다.

"성찰하지 않는 삶은 살 가치가 없다!"

소크라테스적 성찰

엄정식 지음 | 값 15,000원

철학이 삶의 무기가 되는 현실에서 소크라테스적 관점을 가져보고, 그 철학을 삶에 적용해보는 데 목적을 둔 책이다. 서강대학교 철학과 명예교수인 저자는 이 책을 통해 소크라테스의 진면목을 소개한다. "생각하고 또 생각하라"라는 소크라테스가 전하는 가르침이 이 시대를 살아가는 우리들에게 어떠한 의미로 다가올 것인지를 음미해본다. 시대가 지나도 빛을 발하는 소크라테스의 철학으로 내 삶의 무기를 만들어보자.

갈등에 서툴고 막막한 사람들을 위한 책

갈등을 잘 다루니 인간관계가 쉬워졌습니다

이민식 지음 | 값 16,000원

이 책은 갈등에 취약한 사람들을 위한 심리처방전이자 인간관계 지침서다. 사람과 사람 사이에는 항상 갈등이 존재하며 우리는 인간관계로 인해 웃기도, 울기도 한다. 이 때문에 갈등을 제대로 직면하는 마음가짐과 갈등을 다루는 방법은 꼭 익혀야 한다. 이 책을 통해 저자가 알려준 다양한 대응 레퍼토리를 복합적으로 사용해보자. 물론 처음에는 쉽지 않을 것이다. 그러나 누구나 연습을 통해 갈등을 잘 다룰 수 있다.

읽고 또 읽어야 할 불멸의 고전

논어

권경자 역해 | 값 17,000원

『논어』 498장을 완역한 이 책은 특히 논어를 처음 첩하는 입문자들에게 유용하다. 각 장마다 역해자의 친절한 강(講)이 달려 있어 어렵게만 느껴지던 『논어』 독해가 쉬워진다. 권경자 교수가 역해한 이 책은 친절한 『논어』 읽기 지도다. 원문을 최대한 현대어에 가깝게 직역한 후 단어를 풀이하고, 이해를 돕기 위해 강을 붙이는 등 이 책만으로도 『논어』라는 산을 등반하기에 어려움이 없길 바라는 역해자의 바람을 담았다.

나는 때론 혼자이고 싶다

혼자 있는 시간이 가르쳐주는 것들

허균 지음 | 정영훈 엮음 | 박승원 옮김 | 값 14,000원

중국의 여러 책에서 은둔과 한적에 관한 내용을 모아 담은 허균의 『한정록』을 현대적 감각에 맞게 재편집한 책이다. 이 책을 읽으며 '나 자신'을 돌아보고 성장할 수 있는 시간을 가져보자. 수많은 이야기를 통해 혼자 보내는 시간이 얼마나 뜻깊고 즐거운지 느낄 수 있을 것이다. 혼자 보내는 시간의 즐거움이란 외따로 살아가는 즐거움이 아니라 온전한 나로 깨어 있는 삶의 즐거움임을 이 책을 통해 깨닫기를 바란다.

인생의 짧음과 마음의 평정에 대하여

세네카의 인생론

루키우스 안나이우스 세네카 지음 | 정영훈 엮음 | 정윤희 옮김 | 값 12,000원

고대 스토아 철학파의 대가로 불리는 세네카의 산문 『인생의 짧음에 대하여』와 『마음의 평정에 대하여』를 한 권으로 엮다. 값진 인생을 살기 위한 세네카의 위대한 통찰을 느끼고 싶다면 이 책을 펼쳐보기를 바란다. 편역서라는 책의 특성상 시대적·역사적·문화적으로 지나치게 거리가 먼 부분은 일부 삭제하고 필요한 핵심만 골라 소개했다. 그럼에도 세네카가 독자에게 건네는 깨달음과 그 가치의 탁월함을 느낄 수 있을 것이다.

행복의 비밀을 알려주는 위대한 고전

세네카의 행복론

루키우스 안나이우스 세네카 지음 | 정영훈 엮음 | 정윤희 옮김 | 값 12,000원

삶과 죽음의 의미 그리고 진정한 행복이 무엇인지와 같은 인생의 본질적인 질문을 우리 마음속에 던져주는 책이다. 세네카의 주옥같은 글들을 읽다 보면 지금 나에게 닥친 여러 가지 고민들을 딛고 일어설 수 있는 용기와 깨달음을 얻을 수 있다. 가끔 내가 가진 행복이 남들보다 작은 것 같아서 속상할 때, 급작스럽게 찾아온 고난을 이기지 못해 좌절할 때 이 책을 한 번 읽어보자.

치솟는 화에 맞서 내 영혼을 지키는 법

세네카의 화 다스리기

루키우스 안나이우스 세네카 지음 | 강현규 엮음 | 정윤희 옮김 | 값 12,000원

세네카의 책이 쓰인 지 2천 년이 넘는 세월이 흘렀지만 현대인들은 여전히 자신의 화를 통제하지 못하고 많은 문제에 휩싸인 채 살아간다. 세네카는 이 책을 통해 인간에게 화가 왜 불필요한지, 화라는 감정의 실체는 무엇인지, 화의 지배에서 벗어나 화를 통제하고 다스리는 법은 무엇인지를 다양한 예화를 곁들여 이야기한다. 별것 아닌 일에 쉽게 욱하고, 돌아서면 후회할 일에 쉽게 화를 내는 사람들에게 이 책을 권한다.

리더십과 인간의 진실은 무엇인가

마키아벨리의 군주론

니콜로 마키아벨리 지음 | 김경준 해제 | 서정태 옮김 | 값 12,000원

누구나 잘 알지만 읽지 못했거나 혹은 오해와 편견으로만 대했던 불멸의 고전인 『군주론』이 리더십의 정수를 꿰뚫는 인문서로 다시 태어났다. 완독과 의미 파악이 쉽지 않았던 원문을 5개의 테마로 나누어 새롭게 재편집했으며, 마키아벨리의 추종자임을 자처하는 딜로이트 컨설팅 김경준 대표가 해제를 더했다. 이 책은 인간이 살아가는 현실에 대한 귀중한 통찰력의 원천이 될 것이다.

인생을 어떻게 살아야 할 것인가

에픽테토스의 인생을 바라보는 지혜

에픽테토스 지음 | 강현규 엮음 | 키와 블란츠 옮김 | 값 12,000원

내면의 자유를 추구했던 에픽테토스의 철학과 통찰을 담았다. 현실에 적용 가능한 구체적이고 실천적인 에픽테토스의 철학을 내면에 습득해 필요한 상황이 올 때마다 반사작용처럼 적용할 수 있다면, 그 어떤 역경과 어려움 앞에서도 굴하지 않고 꿋꿋하게 살아남아 최후의 승리자가 될 수 있을 것이다. 현실에 좌절하고 힘들어하는 모든 현대인들에게 에픽테토스의 철학이 담긴 이 책을 권한다.

인간에 대한 위대한 통찰

몽테뉴의 수상록

몽테뉴 지음 | 정영훈 엮음 | 안해린 옮김 | 값 12,000원

가볍지도 과하지도 않은 무게감으로 몽테뉴는 세상사의 다양한 주제들에 대해 본인의 견해를 자신 있고 담담하게 풀어낸다. 이 책을 읽으며 나의 판단이 바른지, 내가 지금 제대로 살고 있는지, 앞으로 어떻게 살아야 하는지 등을 수없이 자문해보자. 원초적인 동시에 삶의 골자가 되는 사유를 함으로써 의식을 환기하고 스스로를 성찰하며 인생의 전반에 대해 배우는 계기가 될 것이다.

■ 독자 여러분의 소중한 원고를 기다립니다

메이트북스는 독자 여러분의 소중한 원고를 기다리고 있습니다. 집필을 끝냈거나 집필중인 원고가 있으신 분은 khg0109@hanmail.net으로 원고의 간단한 기획의도와 개요, 연락처 등과 함께 보내주시면 최대한 빨리 검토한 후에 연락드리겠습니다. 머뭇거리지 마시고 언제라도 메이트북스의 문을 두드리시면 반갑게 맞이하겠습니다.

■ 메이트북스 SNS는 보물창고입니다

메이트북스 홈페이지 www.matebooks.co.kr

책에 대한 칼럼 및 신간정보, 베스트셀러 및 스테디셀러 정보뿐만 아니라 저자의 인터뷰 및 책 소개 동영상을 보실 수 있습니다.

메이트북스 유튜브 bit.ly/2qXrcUb

활발하게 업로드되는 저자의 인터뷰, 책 소개 동영상을 통해 책에서는 접할 수 없었던 입체적인 정보들을 경험하실 수 있습니다.

메이트북스 블로그 blog.naver.com/1n1media

1분 전문가 칼럼, 화제의 책, 화제의 동영상 등 독자 여러분을 위해 다양한 콘텐츠를 매일 올리고 있습니다.

메이트북스 네이버 포스트 post.naver.com/1n1media

도서 내용을 재구성해 만든 블로그형, 카드뉴스형 포스트를 통해 유익하고 통찰력 있는 정보들을 경험하실 수 있습니다.

메이트북스 인스타그램 instagram.com/matebooks2

신간정보와 책 내용을 재구성한 카드뉴스, 동영상이 가득합니다. 각종 도서 이벤트들을 진행하니 많은 참여 바랍니다.

메이트북스 페이스북 facebook.com/matebooks

신간정보와 책 내용을 재구성한 카드뉴스, 동영상이 가득합니다. 팔로우를 하시면 편하게 글들을 받으실 수 있습니다.

STEP 1. 네이버 검색창 옆의 카메라 모양 아이콘을 누르세요.   STEP 2. 스마트렌즈를 통해 각 QR코드를 스캔하시면 됩니다.
STEP 3. 팝업창을 누르시면 메이트북스의 SNS가 나옵니다.